Shana Lyès

LION

FIRST ÉDITIONS

ISBN : 978-2-412-08207-2
Dépôt légal : novembre 2022
Imprimé en Italie

Directrice éditoriale : Marie-Anne Jost-Kotik
Responsable éditoriale : Aline Sibony
Éditrice : Cyrielle Londero
Correction : Judith Lévitan
Mise en pages : Frédéric Voisin

Illustrations shutterstock : pages 1, 2, 159 et 160 YuHusar ; pages 5, 7, 16, 19, 20, 21, 22, 23, 24, 31, 35, 39, 43, 47, 48, 52, 55, 56, 57, 60, 64, 68, 70, 72, 75, 96, 100, 103, 107, 111, 114, 119, 121, 130, 139, 141, 145, 149, 152 Ju Alaris ; page 10 makrushka et Slurp Design ; page 11 Anastasiia Smiian ; pages 14, 17 et 18 Natalllenka.m ; pages 19, 20, 21, 22, 23 et 24 Bodor Tivadar ; pages 32, 82 et 131 Valedi ; page 35 mountain beetle ; page 44 Tanya Antusenok ; page 46 Tartila ; pages 76, 77 et 78 Masmas ; page 79 Arelix ; pages 84, 85, 86, 87, 88, 89, 90 et 91 Nevada31 ; page 104 Paw ; pages 125 et 135 Anastasiia Veretennikova

Éditions First, un département d'Édi8
92, avenue de France
75013 Paris - France
Tél. : 01 44 16 09 00
Fax : 01 44 16 09 01
Email : firstinfo@efirst.com
Site Internet : www.editionsfirst.fr

Sommaire

Ce carnet est dédié aux âmes nées sous le signe du Lion.

C'est un parfait mélange entre théorie astrale, explications des astres et exercices concrets à réaliser pour un mieux-être, c'est-à-dire pour mieux vivre avec ton essence.

À travers ces pages, tu découvriras pourquoi tu es né·e sous ce signe astrologique, son énergie, sa philosophie, sa place au sein du zodiaque… Mais également ce que cela dit de toi, en tant qu'être humain : quelles sont tes forces et quelles sont tes faiblesses. Tu découvriras aussi comment le Lion agit dans ton thème astral et quelles sont tes meilleures compatibilités.

Tu y trouveras également un point sur la lithothérapie et les cristaux qui te sont conseillés pour révéler ton potentiel intérieur.

Si tu souhaites partager ta passion pour l'astrologie, tes observations et discuter avec des personnes sur des sujets concernant la spiritualité… rejoins le Club des Étoiles sur Facebook !

Je te souhaite une très bonne lecture étoilée.

Shana ♡

Pourquoi s'intéresser à l'astrologie ?

L'astrologie, un langage millénaire

L'astrologie est un savant mélange d'art, de cultures et de connaissances ancestrales, mais elle n'est pas une science. Du moins, pas une science en termes mathématiques. En revanche, on peut la percevoir comme une science humaine, inexacte et malléable, mais pour ma part, je préfère la considérer comme un beau langage qui vient apporter des mots sur des maux ou sur des joies. En effet, l'astrologie nous *parle.*

Née en Mésopotamie environ mille ans avant Jésus-Christ, à la suite d'un heureux hasard qui voulait que les êtres vivants s'intéressent à l'influence du cycle lunaire sur les marées et les moissons, l'astrologie nous parle de qui nous sommes, de notre place dans le monde, de celleux qui nous entourent et de notre société qui évolue, se transforme et se chamboule un peu plus chaque jour.

Depuis l'Égypte antique, elle fait partie intégrante du quotidien des hommes qui tentent de mieux comprendre pourquoi tel ou tel événement se produit à un moment bien précis – lorsque les astres sont (dés)alignés.

Sur la base des observations du ciel d'autrefois, de quelques mythologies, des constellations, des saisons et de la vie en communauté, l'astrologie s'est créé un langage qui parle à notre corps, à notre cœur… et surtout à notre âme. Avec quelques théorèmes et des calculs compliqués qui s'établissent sur la base du jour, de l'heure et du lieu de naissance d'une personne, elle est capable de conter l'histoire de cette âme qui s'est incarnée – pas par hasard – dans un endroit qui va façonner sa vision du monde d'aujourd'hui et de demain.

D'accord, je te l'accorde, cette approche de l'astrologie est très poétique et saupoudrée d'un zeste de magie… Mais qu'est-ce que la magie dans un univers où la spiritualité fait partie intégrante de notre être ? Alors, oui, l'horoscope peut nous sembler parfois abstrait, parfois décalé ou encore difficile à comprendre à la première lecture (ou à la première écoute), mais lorsqu'on prend réellement le temps de se poser face à sa carte astrale, la quantité d'informations qu'on peut en recevoir devient symbolique et résonne, d'une manière ou d'une autre, dans son moi profond.

Chère étoile, fragment de galaxie et lumière incarnée, tu as bien pris ton billet d'avion pour un aller simple vers les astres ? Si oui, prépare toute ta curiosité, ainsi que ton ouverture d'esprit et boucle ta ceinture ! Le décollage est imminent.

TICKET

NOM :

PRÉNOM :

DATE DE NAISSANCE :

SIGNE ASTROLOGIQUE :

VILLE, PAYS D'ORIGINE :

MA PLANÈTE PRÉFÉRÉE :

Introduction à la roue du zodiaque

La roue du zodiaque et les douze signes

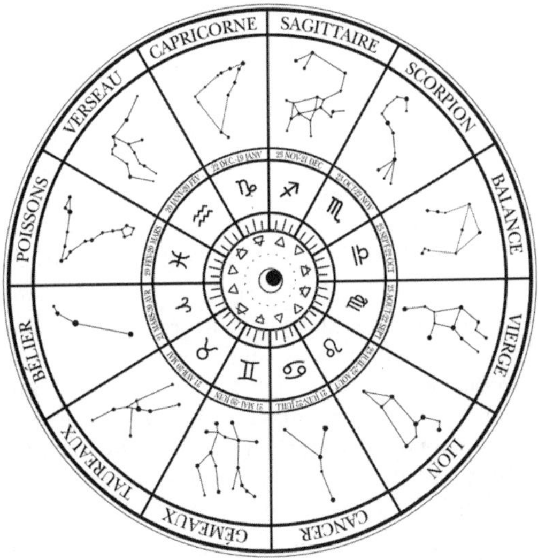

La roue du zodiaque est comme une horloge qui vient illuminer le cadran de l'un ou l'autre signe astrologique durant une période donnée. Elle est divisée en douze et couvre les 24 heures d'une journée, les 4 saisons, ainsi que les 365 jours d'une année. En fonction des transits (déplacements) de planètes dans le ciel, certains signes marqueront davantage une saison qu'une autre… et la personnalité d'un individu né à tel moment, plutôt qu'une autre.

Lorsque tu observeras pour la première fois ta carte du ciel de naissance – aussi appelée ton « thème natal » – tu remarqueras que cette image remplie de symboles colorés est, en réalité, une photo du ciel au jour et à l'heure de ta naissance selon le lieu.

Tu verras également que tu n'as pas uniquement des placements dans ton signe astrologique, mais que tu es un mélange subtil des douze signes du zodiaque. Eh oui ! la Lune bouge, change d'énergie tous les deux jours ; Mercure change au moins une fois par mois de signe ; Vénus est tout aussi rapide… Sans parler du signe ascendant qui change d'une heure à une autre, à la minute près !

Ceci explique pourquoi tu peux connaître d'autres Lions et les trouver si différents de toi.

Pour réaliser ta carte du ciel, rends-toi sur astrotheme.fr dans l'onglet « Ascendant et thème astral » avec ton jour, ton lieu et ton heure de naissance. Garde précieusement cette carte sous les yeux pour venir compléter le reste de ce carnet !

La carte du ciel, le thème natal

Ton thème natal est une carte du ciel, représentant une roue du zodiaque, qui est réalisée en fonction de ton jour, de ton heure et de ton lieu de naissance. Cette « carte natale », ou encore « map astrale », est une photo du ciel prise au moment où ton âme s'est incarnée sur Terre, soit lors de ta naissance. La position des différents astres (Soleil, Lune, Vénus, astéroïdes, etc.) dans le ciel apporte des clés de compréhension de la construction de la personnalité d'un être humain au fil des années et de son évolution personnelle.

Sur cette carte du ciel, tu pourras observer une dizaine de planètes, des astéroïdes, mais également l'emplacement de maisons astrologiques. Lorsque tout ce mix d'énergies est parfaitement traduit, il dresse le portrait de ta personnalité unique. Car chaque thème natal est unique, comme toi.

LA GRANDE TRINITÉ ASTRALE

Si tu débutes en astrologie, sache que trois placements visibles sur ton thème sont particulièrement parlants et importants. C'est ce qu'on appelle la Grande Trinité Astrale ou encore la Triade : **Soleil**, **ascendant** et **Lune**.

Le signe astrologique, solaire : ton rayonnement personnel

Le signe solaire, c'est-à-dire le signe astrologique, est l'endroit où était placé le Soleil lors de ta naissance. C'est ton essence profonde, tes objectifs, ta vitalité, ta première fondation en tant qu'être incarné à un instant *t*.

Le symbole rond ⨀ sur ta carte du ciel est ton signe astrologique.

Pourquoi ne connais-tu que ton signe astrologique depuis la naissance ? Oh, tu sais que le Soleil est l'étoile star de notre galaxie. Celle autour de laquelle gravitent toutes les autres planètes. Celle qui fait que chacun·e d'entre nous se lève chaque matin… Bref, c'est le point central de notre univers. Le Soleil est source de vie. Et cette définition vaut tout autant pour ton signe solaire. Il est le centre de ton thème astral, le luminaire grâce auquel tous les astres fonctionnent et interagissent entre eux. Il représente environ un cinquième de ta personnalité et même si tu peux te reconnaître moins dans ce signe que dans un autre, il reste la base, l'essence même de qui tu es et de qui tu deviens un peu plus chaque jour.

CAS SPÉCIAL : LA CUSPIDE

Le cas de la cuspide est évoqué lorsqu'une personne est née entre deux saisons de signes. C'est-à-dire lorsqu'elle est née le premier jour de la saison de son signe astrologique ou le dernier jour. Généralement, il est difficile pour ces personnes-là de se reconnaître dans l'un ou l'autre signe et elles ne savent pas réellement quel est leur signe solaire.

Si tu es dans ce cas, sache que c'est ton heure de naissance qui déterminera quel est réellement ton signe astrologique.

Si tu te reconnais beaucoup dans les deux signes « entre » lesquels tu te situes, c'est sûrement parce que tu as des planètes logées dans les deux énergies – ce qui est fréquent car Mercure et Vénus ne sont jamais loin du Soleil. Mais sache que, dans tous les cas, tu n'as bien qu'un seul signe astrologique ! Il est impossible d'être né·e sous « deux soleils ».

SHINE BRIGHT LIKE... YOUR SUN !

Le signe ascendant : ta face sociale

Défini par ton heure de naissance, l'ascendant est le point précis dans le ciel qui représente « l'orient », c'est-à-dire là où le soleil se lève – l'horizon oriental –, il s'appelle « ascendant » car il prend davantage de place au sein de ta personnalité au fil du temps qui passe et il construit ta face sociale et ton apparence physique. Il s'affirme en devenant ton nouvel horizon, pas à pas. Ce serait la face de toi que tu révèles au monde lors de la première rencontre.

La flèche qui pointe **AC** sur ta carte du ciel est ton signe ascendant.

Le signe lunaire : ton intimité et tes émotions

La position de la Lune dans ton ciel de naissance vient donner de précieuses indications sur ton intimité, tes besoins, ta manière d'extérioriser tes affects et la partie de toi qui est profondément innée. D'ailleurs, en astrologie karmique, on part du principe que la Lune représente l'âme qui s'est incarnée au moment de la naissance, avant toute interaction et modification liées à l'environnement. Les heureux·se·s élu·e·s qui voient cette partie de toi sont les personnes proches de toi : partenaire amoureux·se, famille, ami·e·s de longue date, etc.

Le croissant de lune doré ☽ sur ta carte du ciel est ton signe lunaire.

Tous les autres symboles sont des planètes et des astéroïdes qui nuancent et dessinent ta personnalité. Tous ces éléments ensemble forment ta carte du ciel unique, ton thème natal.

Les planètes individuelles

Ce sont les planètes rapides, celles qui bougent rapidement et qui viennent davantage nuancer ta personnalité. Elles parlent de ta communication, de tes affects, de ta capacité d'action ou encore de ton fonctionnement relationnel.

Mercure : ta communication et ton intelligence

Cette planète va indiquer ton degré de sociabilité, ta manière de communiquer, de réfléchir et la façon dont tu vas utiliser ton intelligence au quotidien, comment elle se déploie et dans quel cadre. Elle peut aussi représenter tes facilités ou tes difficultés de compréhension dans certains domaines.

Le symbole violet ☿ sur ta carte du ciel est ton signe de Mercure.

Vénus : tes sentiments et tes relations

Sur ton thème, cette planète renseigne sur ta manière d'aimer, sur ce que tu recherches pour t'épanouir en relations (amoureuses notamment), sur ta vision de la beauté et ton affinité avec tout ce qui touche à l'art en général.

Le symbole féminin rose ♀ sur ta carte du ciel est ton signe de Vénus.

Mars : tes actions et ton courage

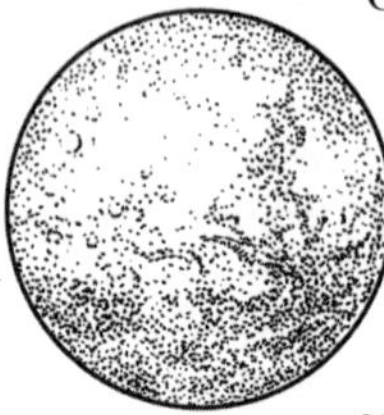

Cet astre témoigne de ta capacité d'action, la manière dont tu (ré)agis au quotidien, ce qui t'anime dans la vie. Ce sont aussi tes désirs, ton pouvoir d'attraction ou l'incarnation de ce par quoi tu es attiré·e. Ce placement renseigne aussi sur ta sexualité et ta libido.

Le symbole masculin rouge ♂ sur ta carte du ciel est ton signe de Mars.

Les planètes intergénérationnelles

Elles sont au nombre de deux : Jupiter et Saturne, qui sont deux planètes plus lentes, mais qui bougent et transitent de signe environ chaque année ou tous les deux ans. Elles indiquent des éléments concernant tes valeurs, ton héritage familial ou encore tes aspirations.

Jupiter : ton expansion et tes valeurs

Cette planète fait référence à ta morale, mais aussi à ton potentiel d'expansion. Elle représente le développement social, le domaine dans lequel tu as envie de grandir, ainsi que ta chance. C'est ta philosophie du quotidien.

Le symbole bleu ♃ sur ta carte du ciel est ton signe de Jupiter.

Saturne : ta discipline et tes vertus

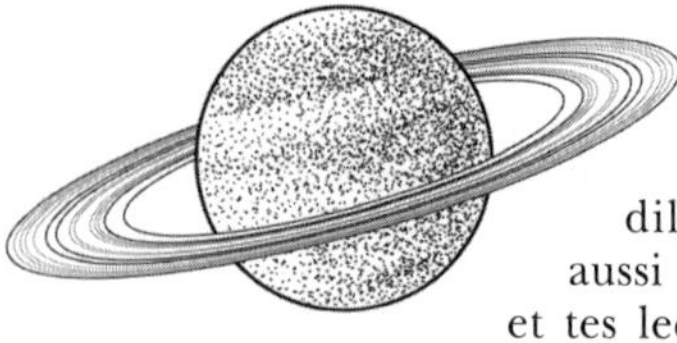

Cet astre représente ton ambition par excellence, ton domaine de prédilection, mais aussi tes structures et tes leçons de vie. Il incarne ta rigueur, ta force et ton karma transgénérationnel. Cet astre t'invite à mûrir, à grandir, à assumer tes responsabilités pour t'intégrer à la société.

Le symbole rouge ♄ sur ta carte du ciel est ton signe de Saturne.

Les planètes générationnelles

Ces trois planètes sont les plus lentes du zodiaque. Découvertes longtemps après les sept premières qui sont présentes sur la carte du ciel, elles ont fait leur apparition dans l'astrologie à la fin du XXe siècle. Elles sont dites « générationnelles » car elles sont présentes exactement au même emplacement (dans le même signe) pour une génération entière.

Uranus : ton indépendance et ta créativité

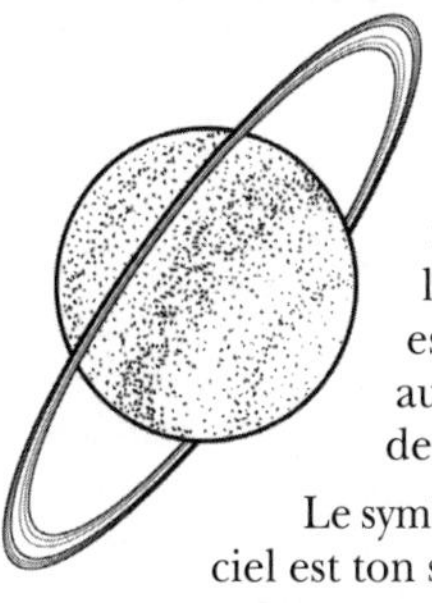

Cet astre représente l'originalité, la créativité et l'inventivité. Sur ton thème natal, Uranus peut indiquer le domaine dans lequel ton côté visionnaire est fortement présent, mais aussi quelles sont tes facultés de transcendance.

Le symbole brun ♅ sur ta carte du ciel est ton signe d'Uranus.

Neptune : tes idéaux et tes croyances

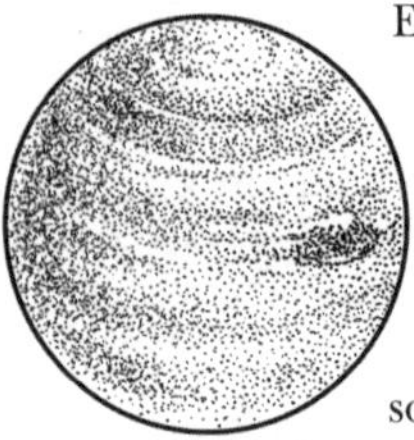

Elle représente ton idéalisme, mais aussi le domaine où tu risques de connaître des déceptions. Cette planète invite à rêver, à fuir la réalité – autant dans un sens positif que négatif. Sur ton thème, son placement peut t'indiquer où se trouvent tes faiblesses, et notamment ta naïveté.

Le symbole vert ♆ sur ta carte du ciel est ton signe de Neptune.

Pluton : ta capacité de résilience

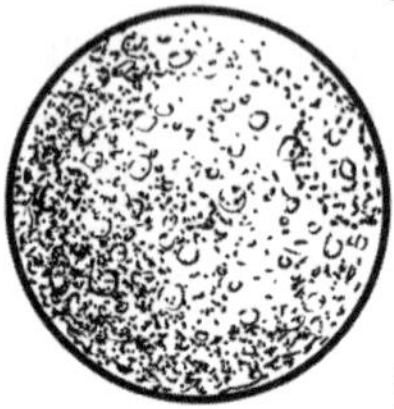

Cet astre signifie la métamorphose, la transformation, le pouvoir et le charisme. Mais également tout ce qui est tabou. Sur un thème natal, Pluton représente la destruction, les peurs, mais aussi un lieu de profondeur recelant une certaine noirceur.

Le symbole rouge ⯓ sur ta carte du ciel est ton signe de Pluton.

Les maisons

Les maisons astrologiques sont au nombre de douze. Elles représentent différents domaines de la vie quotidienne et des champs d'expérience qui vont quadriller la routine d'un individu. Chaque maison est en analogie avec l'énergie d'un signe du zodiaque. On dira que ce signe est celui qui dirige cette maison en particulier. Quatre maisons se démarquent plus que les autres.

- **La maison I** est dirigée par le signe ascendant. Elle représente ta vitalité, ton ego et une grande part de ton identité individuelle. Elle marque ta personnalité et te fait évoluer d'année en année.
- **La maison IV** est également appelée « fond de ciel », elle indique tes origines, ton appartenance à une patrie, à une famille, et comment tu construis ton foyer. C'est le point « nord » de ton thème, là où le soleil n'est pas visible car c'est le territoire le plus secret et profond de ton âme.
- **La maison VII** est dirigée par le signe descendant. Opposé à ton ascendant, c'est l'horizon occidental, celui où le soleil se couche pour faire taire l'ego et laisser la place à l'autre. Ce signe montre ce que tu recherches chez les autres pour une association sur le long terme, un partenariat, une relation professionnelle ou amoureuse durable.

Il dévoile ce que tu es prêt·e à apporter à l'autre, mais également ce que tu recherches chez l'autre.

- **La maison X** est également appelée « milieu de ciel », elle correspond au signe où ton soleil est au plus haut, à son maximum, dans son plein potentiel. C'est le zénith, le « sud ». Ce point de ton ciel représente ta carrière, le milieu socioprofessionnel dans lequel tu peux évoluer et briller.

Les astéroïdes et les points karmiques

Les astéroïdes et les points karmiques ne sont pas étudiés par tous les astrologues car ces placements sont plus particulièrement traduits *via* l'astrologie karmique, qui est une branche spécialisée de l'astrologie. Ce courant astrologique tente de mettre en lien les traumas, les blessures émotionnelles et parfois même les potentielles vies antérieures qu'on aurait pu vivre avec la personnalité d'un individu.

Ceux qui nous importent dans cet ouvrage sont les nœuds lunaires, que nous verrons en détails page 101, mais aussi la Lune Noire, qui peut faire écho à tes peurs (voir page 109), ou encore Chiron, qui parlera de tes forces à développer (voir page 109).

Les aspects

Les aspects sont les lignes de couleurs que tu aperçois au milieu de ta roue du zodiaque. Elles indiquent si les astres qui sont présents sur ta carte du ciel interagissent ensemble et, si oui, de quelle manière : positive ou négative ? Certains aspects sont dits « majeurs » lorsqu'ils ont un impact important sur ta personnalité et tes forces ou faiblesses, tandis que d'autres sont considérés comme étant « mineurs » car ils ont un effet moindre sur ta personne.

N.B. : je te conseille de t'attarder sur les aspects uniquement lorsque tu seras assez à l'aise avec l'astrologie et la lecture de ton thème natal. Tu peux revenir à cette partie plus tard et à n'importe quel moment lorsque tu en auras besoin.

Les aspects positifs majeurs (en bleu sur la carte du ciel)

- **Le sextile** (60°) : aspect bénéfique qui lie deux planètes l'une à l'autre, dans des signes compatibles mais qui ont des éléments différents. Cet aspect est considéré comme synonyme d'harmonie et d'échange entre deux énergies qui se renforcent mutuellement.

- **Le trigone** (120°) : aspect qui lie deux planètes l'une à l'autre, dans des signes de même élément. Cet aspect facilite le soutien entre deux énergies et crée du bien-être et de la douceur.

Les aspects négatifs majeurs (en rouge sur la carte du ciel)

- **Le carré** (90°) : aspect de tension qui contrarie l'énergie de deux planètes, dans des signes considérés comme incompatibles et très différents. Cela représente une tension intérieure, un inconfort à surmonter et un obstacle de la vie dont il faut prendre conscience pour évoluer. C'est l'aspect le plus difficile à vivre.
- **L'opposition** (180°) : aspect inconfortable, voire contradictoire, qui oppose deux planètes de manière frontale, dont on dit alors qu'elles se situent dans des « signes opposés ». Cela peut créer un tiraillement intérieur et psychologique.

Les aspects spéciaux

- **La conjonction** (0° à 10°) : aspect qui unit deux, trois, voire quatre planètes qui se trouvent dans le même axe. Celles-ci se retrouvent donc en « superposition ». Cela peut stimuler positivement l'énergie qui se situe dans le signe en question ou, au contraire, créer des excès négatifs. C'est sûrement l'aspect le plus puissant sur un thème. La conjonction est représentée par un cercle vert qui entoure deux ou plusieurs astres.

- **Le quinconce** (150°) : en vert sur le thème, c'est un aspect mineur qui a tout de même beaucoup d'importance. Cet aspect vient soit soutenir l'énergie d'un des astres en question, lui demander de corriger son action, soit créer un conflit interne et provoquer beaucoup de nervosité intérieure en fonction des maisons qu'il va toucher.

Dix choses à savoir sur le Lion

Sa période : 23 juillet – 22 août

Son mode : fixe

Son élément : le feu

Planète : le Soleil

Maison : V, celle de la créativité, de l'amour, des plaisirs et des loisirs

Signe opposé : le Verseau

Sa phrase clé : « Je brille. »

Sa couleur : doré

Ses pierres : pyrite et pierre de soleil

Ses traits principaux : audace, charisme, répartie, individualisme, confiance, entêtement

Le Lion
au sein du zodiaque

Le Lion est le cinquième signe du zodiaque, mais il est surtout connu pour incarner le roi du zodiaque, à l'image du roi de la jungle. Il est dirigé par le Soleil, le célèbre luminaire astral, ce qui lui vaut son côté solaire et rayonnant. Son élément est le feu – et cela se remarque très vite. Il gouverne la maison V qui est celle de l'amour, des plaisirs, de la créativité, mais également des enfants. Son mode est fixe, ce qui veut dire que c'est un signe ancré dans sa saison – car il est né au beau milieu de l'été. Cela influence sa prise de décision : le Lion est inflexible, têtu et très déterminé. Cependant, il est également loyal, fiable et courageux.

Le Lion symbolise l'épanouissement de l'été et la force du jour qui décroît petit à petit. Il annonce la saison des récoltes, des plaisirs de la vie et de la richesse pour les êtres humains. C'est la période de l'année où la température grimpe en flèche, le mois qui est le plus caniculaire. En soi, la meilleure des périodes pour s'autoriser une pause méritée et des vacances.

Ce signe est réputé pour être charismatique, volontaire et audacieux. Il a énormément d'énergie, ainsi qu'une détermination hors pair. Le Lion aime être au centre de l'attention, pour ne pas dire « être admiré ». En réalité, il sait que pour apprendre à mieux aimer les autres, il doit d'abord apprendre à s'aimer lui-même. Aussi, il a un tempérament assez dominant et imposant. Si les choses ne se déroulent pas comme il l'entend, il peut faire de grosses colères !

Le Lion aime la vie et ses plaisirs, et ce qui ne gâche rien, c'est qu'il est généreux. Autant il reçoit, autant il donne aux autres. C'est une caractéristique dont il peut être fier, mais derrière ce premier aspect de sa personnalité, c'est un grand inquiet. Il peut très vite être ébranlé par une remarque négative le concernant.

En effet, malgré l'aura qu'il dégage et son apparente confiance, il a bien souvent du mal à s'accepter entièrement comme il est.

L'amour des autres le (ré)conforte dans son amour-propre.

Sur le plan amoureux, le Lion aime être placé sur un piédestal par son autre et le·la charmer chaque jour. Il désire la perfection en amour, vivre une relation comme celles qu'on voit dans les films – ou presque. Il sera aussi très fier de démontrer son amour en public. En effet, quand il se met en couple avec quelqu'un·e, c'est avec une personne qu'il placera sur un piédestal également. Il est stable et passionné car il a besoin de concret au sein de son couple.

Le Lion est souvent perçu comme un être égocentrique alors qu'il a juste une autre manière de s'exprimer. C'est une forte personnalité qui prend beaucoup de place, avec une allure assez royale. Ce n'est pas un suiveur, mais un meneur qui est bien informé concernant ses forces et ses faiblesses.

En résumé, **l'énergie du Lion nous donne l'envie de prendre du temps pour soi et de s'affirmer davantage**.

Cultiver le feu du Lion en toi

Questions d'étoile

Es-tu fier·ère d'être né·e sous le signe du Lion ? Pourquoi ?

Oui..

....

Quelle est ta plus grande force, selon toi ?

Force / Volonté / Bravoure / Générosité / Autre

....

Donne un exemple avec un événement concret :

....

....

Quelle est ta plus grande faiblesse, selon toi ?

Possessivité / Inflexibilité / Susceptibilité / Superficialité / Autre

....

....

Donne un exemple avec un événement concret :

....

....

Pensée positive

Répète-toi quotidiennement, le matin en te regardant dans le miroir ou le soir avant de te coucher : « Je suis aimant·e, aimé·e et généreux·se. »

Parce que le signe du Lion est un fédérateur qui aime être aimé, mais qui aime et donne dès qu'il le peut.

Défi

Lance-toi des petits défis quotidiens que tu notes dans un carnet (en mode *bucket list*) et offre-toi des récompenses (même petites) lorsque tu accomplis quelque chose que tu avais noté !

Cela te permettra de (r)éveiller ton esprit de compétition. Car, après tout, tu es en compétition avec toi-même au quotidien. Le Lion ne cherche pas à être meilleur qu'autrui, mais à devenir une meilleure version de lui-même, jour après jour.

Gratitudes

Cite trois choses qui te rendent heureux·se en ce moment même (à voix haute ou pose-les à l'écrit).

....

....

....

La mythologie du Lion

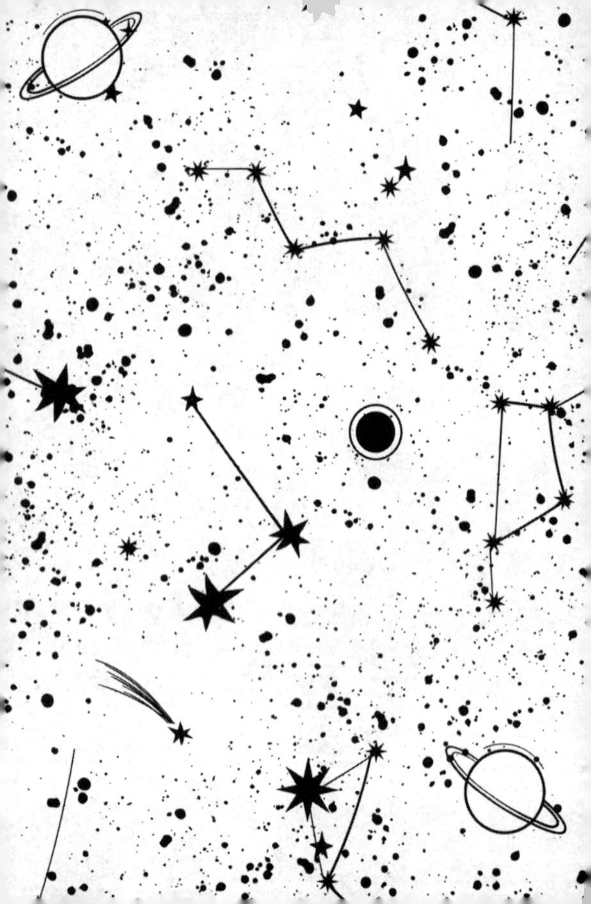

La constellation du Lion est une des plus anciennes, ses origines remontent à des siècles.

Dans la mythologie grecque, le Lion correspondrait au Lion de Némée tué par Héraclès, fils de Zeus, qui devait ramener la peau de la bête pour le premier de ses douze travaux.

Le Lion est un signe dont la symbolique se rapproche fortement de l'animal terrestre qu'il représente. Majestueux, élégant et leader, il est réputé être le roi du zodiaque, à l'instar de l'animal, lui-même considéré comme le « roi des animaux ».

Le feu du Lion représente le feu de joie auprès duquel tout le monde se réunit et échange, de manière chaleureuse et solidaire.

C'est un signe d'amour et partage.

SOLEIL

Le Soleil, planète maîtresse du Lion

☉ **Le Soleil est la planète l'astre, et plus spécifiquement le luminaire, qui dirige le signe du Lion. C'est la « planète » qui le représente et qui incarne tout le rayonnement solaire de ce signe de feu.**

C'est un astre individuel qui représente ton ego, ton essence, tes objectifs de vie et ta vitalité. Ton signe solaire (ton signe astrologique de naissance) sera celui que les gens qui apprennent à te connaître distingueront après ta « face sociale » affichée en public avec ton ascendant.

Le Soleil indique ce que tu devrais devenir dans cette vie, ton moi spirituel et ton rayonnement personnel.

Dans un thème, le Soleil représente aussi la masculinité (même dans le thème d'une femme) car en astrologie il est question d'énergies masculines (Yang, l'action et la force) et d'énergies féminines (Yin, le calme et la réceptivité). Le Soleil fait donc partie de la première catégorie. Pour une femme, ce luminaire désigne plus spécifiquement la manière dont elle se perçoit, sa relation au père – ou à la figure paternelle – durant son enfance et sa relation avec son partenaire.

Le signe solaire régit également ta vitalité, ta santé et ta manière de te comporter quasi quotidiennement.

La question à te poser en voyant le Soleil sur ton thème est : « Quels sont mes objectifs de vie ? »

Quand le Soleil est en dissonance (mauvais lien ou opposition) avec une autre planète, il peut créer des troubles de confiance en soi, des problèmes de santé ou encore des problèmes de communication ou d'entente avec le père.

Dans ses bons aspects, le Soleil permet d'avoir confiance en soi, d'avoir de la persévérance, une bonne santé, d'être optimiste, enthousiaste et d'avoir de l'énergie à revendre.

Enfin, le Soleil change environ tous les 30 jours de signe astrologique. Ses transits, de signe en signe, permettent de mettre en lumière le signe dans lequel il se trouve. On parle alors de « saison de signe » (saison du Lion, saison de la Vierge, etc.). Durant ces périodes, il est intéressant de regarder en quelle maison se situe, sur ta carte du ciel, le signe du moment pour voir quels domaines seront mis en lumière durant plus ou moins un mois au sein de ta vie.

Le Soleil est à domicile en Lion. Cela veut dire que la planète se trouve dans son signe, « chez elle » ; elle agit alors en parfaite harmonie avec son signe, le côté positif de la planète sera accentué.

Le Soleil est en exil en Verseau. La planète est alors dans le signe opposé à sa maîtrise habituelle, ce qui atténue fortement son énergie, elle s'exprime même parfois de manière négative.

Le Soleil est en exaltation en Bélier. Cela montre que la planète et le signe se renforcent mutuellement, généralement de manière positive, mais aussi parfois avec excès et tension.

Le Soleil est en chute en Balance. La planète et le signe sont en conflit et auront tendance à agir de manières opposées en se laissant entraîner par le signe dans lequel ils se trouvent. Cela altère l'énergie de la planète et la freine.

Où se situe le Soleil sur ton thème natal ? (signe et maison)

....

....

....

Quelle relation entretiens-tu avec cette planète ? T'influence-t-elle beaucoup ?

....

....

....

....

....

....

Maison V, gouvernée par le Lion

En astrologie, les maisons sont au nombre de douze, chacune d'entre elles étant initialement associée à l'énergie d'un signe du zodiaque. Chaque maison représente un champ d'action et d'expérience pour un individu. Ces douze maisons découpent le thème astral et permettent de mieux comprendre le fonctionnement d'une personne dans son quotidien, ses habitudes, ses comportements relationnels, etc.

La maison astrologique qui est dirigée par le signe du Lion est la maison V.

La maison V symbolise les loisirs, les plaisirs, l'amour, mais aussi le domaine du jeu sur ton thème astral. Elle aide à comprendre pourquoi tu as tel ou tel loisir au quotidien, pourquoi tu exprimes tes ressentis d'une certaine manière, ce que tu donnes comme amour dans une relation de couple ou encore quelle est ton approche envers les enfants et le monde de l'enfance.

D'une certaine manière, la maison V est imprégnée de l'énergie du Lion. C'est la raison pour laquelle elle représente ta vie affective, ta créativité, tes amours (libres et tes liaisons) et ton rapport aux enfants. Cette maison V donne aussi des indications sur les créations et les projets personnels que tu peux entreprendre.

En fonction du signe qui gouverne ta maison V, on va pouvoir observer comment tu visualises tes réussites et tes objectifs à accomplir. La maison V représente aussi ton bien-être, ton côté insouciant et rêveur. C'est également la manière dont tu t'affirmes auprès des autres.

Les planètes qui se trouvent dans cette maison vont indiquer comment ton ego se construit, mais aussi comment tu abordes tes projets et tes réalisations personnelles.

Les transits (les passages de planètes dans le ciel) sur cette maison permettent de prédire des changements sentimentaux (rencontre amoureuse, possibilité de rupture, etc.) ou personnels (réalisation d'une œuvre artistique ou encore d'un projet individuel...).

N.B.: cette maison V n'est pas forcément en Lion sur ton thème astral, car cela dépend de ton signe ascendant – signe qui donne le ton concernant l'emplacement des autres maisons sur ta carte du ciel.

Le feu fixe : élément et mode

Du Roi Soleil, la fable du Lion

Lorsque le Créateur a déposé le Lion sur terre, il lui a donné pour mission d'organiser la vie au sein de la société, pour solliciter l'entraide et l'amour. Il lui a demandé de gouverner pour venir en aide aux plus démuni·e·s, de fédérer pour guider celleux qui le suivraient et de se faire conseiller par les plus habiles d'entre elles et eux.

Son élément est le feu, ce qui indique que c'est un être particulièrement enthousiaste, actif, téméraire et plutôt audacieux. Le Lion sait ce qu'il veut, ce qu'il souhaite apporter au monde qui l'entoure et ce qu'il ambitionne pour le futur. Il se montre généralement très généreux, de bon conseil, et il aime rassembler tout le monde vers un objectif commun.

Son mode est fixe, ce qui indique qu'il sait ce qu'il veut et qu'il se montre particulièrement inflexible. En effet, il ne supporte pas d'être contredit et il changera rarement d'avis – pour ne pas dire jamais. Né au milieu de l'été, il observe les récoltes et les richesses du monde se déployer au sein de l'humanité.

Archétype du roi, du gouverneur ou encore du fédérateur, c'est un législateur au sein de la communauté. Son énergie, à la fois joyeuse et paisible, permet aux autres signes de se reposer sur leur chemin de vie.

Les apprentissages du Lion

JE RAYONNE AUTANT QUE LE SOLEIL.

L'AMOUR DE SOI EST INDISPENSABLE
POUR MIEUX AIMER LES AUTRES.

LA GÉNÉROSITÉ EST UNE FORCE DU CŒUR.

PRENDRE LE TEMPS DE SE REPOSER
POUR MIEUX DIRIGER APRÈS.

ASSUMER SES FORCES ET SES FAIBLESSES
EST UNE PREUVE D'HUMILITÉ.

Le Lion rayonne pour illuminer son chemin de vie, mais également celui des autres. Excellent coach et grand ami, il aime souligner les qualités et les forces de celleux qu'il aime.

Il sait que, pour être heureux en relation avec autrui, il doit d'abord être heureux (un minimum) avec lui-même et être bien dans sa peau. L'amour des autres peut y contribuer et l'aider, mais il doit d'abord se connaître pour rencontrer des personnes qui lui vont.

Le Lion donne et cultive sa générosité, même lorsque son cœur a été blessé. Il est confiant et sait que, d'une manière ou d'une autre, sa bonté lui sera rendue dans le futur.

Ce signe n'est pas paresseux, mais comme son acolyte le Taureau, il sait qu'il est nécessaire de se reposer et de prendre le temps d'accueillir les transitions avant de se (re)lancer à la conquête de ses rêves et de ses objectifs.

Enfin, rien ne fonctionne correctement si les choix qu'on formule sont en désaccord avec notre nature profonde. Et ça, le majestueux Lion le sait mieux que quiconque.

Les citations stars du Lion

« IL EST TRÈS IMPORTANT DE RAPPELER AUX JEUNES FEMMES QUE LEUR IMPLICATION EST IMPORTANTE ET QUE LEUR VOIX EST ENTENDUE. MÊME SI CELA SEMBLE PETIT, CELA PEUT RÉELLEMENT AVOIR UN IMPACT. »

Meghan Markle, Lion du 4 août

Meghan Markle est une actrice et réalisatrice qui brille d'élégance, de beauté et de réussite. Dès qu'elle arrive quelque part, tout le monde se retourne pour admirer son éblouissant charisme. Sa confiance en elle lui a permis de décrocher ses rêves les plus fous. Et elle ne s'arrêtera pas là : son but est d'aider chaque petite fille à rayonner de confiance en elle !

« JE NE PENSE PAS QUE VOUS PUISSIEZ CRÉER QUELQUE CHOSE À PARTIR DE VOTRE ZONE DE CONFORT. VOUS DEVEZ TRAVAILLER À PARTIR D'UNE ZONE DE PEUR ET D'ÉCHEC. »

Charlize Theron, Lion du 7 août

Charlize Theron est une actrice, productrice et mannequin qui est l'égérie de Dior. Tout ce qu'elle touche se transforme littéralement en or. Elle vient d'un milieu rural d'Afrique du Sud et a appris très tôt à briller de confiance en elle pour décrocher ses premiers contrats, en partant seule, en Europe puis aux États-Unis. Elle s'implique énormément dans la lutte contre le sida.

« VOUS DEVEZ VOUS AIMER D'ABORD. VOUS DEVEZ ÊTRE BIEN AVEC VOUS-MÊME AVANT D'ÊTRE OK AVEC QUELQU'UN D'AUTRE. »

Jennifer Lopez, Lion du 24 juillet

Jennifer Lopez est une chanteuse, danseuse, actrice et femme d'affaires. Éblouissante, charismatique et distinguée, son aura solaire traverse le petit écran pour se frayer un chemin jusqu'à nous. Elle vient d'un milieu défavorisé (quartier du Bronx) d'où elle finançait elle-même ses cours de chant et de danse alors qu'elle n'avait que 10 ans. Elle a même été sans domicile fixe avant de connaître un succès fulgurant en tant que danseuse, puis actrice à fin des années 1990.

Indique, toi aussi, tes citations préférées :

....

....

....

....

....

....

....

....

....

....

....

....

Vices et vertus : l'héritage du Lion

Entoure les caractéristiques du Lion qui te correspondent.

Générosité	Fierté	Hospitalité	Extraversion
Fidélité	Charisme	Passion	Individualisme
Sociabilité	Arrogance	Loyauté	Inflexibilité
Possessivité	Créativité	Leadership	Superficialité

Générosité : ce signe aime donner par pur plaisir, même s'il apprécie qu'on lui rende la pareille.

Fierté : très fier, autant il apporte son aide aux autres, autant il a du mal à demander quoi que ce soit, même quand il est dans une situation complexe.

Hospitalité : il aime recevoir et accueillir chaleureusement ses invités.

Extraversion : très solaire et lumineux, il aime discuter de tout et de rien avec les autres.

Fidélité : s'il donne son cœur et sa confiance, c'est pour toujours – ou presque.

Charisme : sa voix, sa prestance et son élégance le rendent généralement très charismatique.

Passion : toujours le cœur sur la main, c'est bien parce qu'il est passionné dans tout ce qu'il fait.

Individualisme : on le traite souvent d'égocentrique, mais il sait que c'est parce que, au final, il se retrouvera seul avec lui-même (et ses pensées).

Sociabilité : il aime être entouré de beaucoup de personnes et aller à leur rencontre.

Arrogance : il est du genre à répondre franchement, de manière assez impulsive et brusque lorsqu'il est contrarié. Ce qui ne plaît pas à grand monde.

Loyauté : un Lion qui donne sa parole la respecte toujours.

Inflexibilité : il ne change jamais d'avis, même quand les aspects négatifs de ses plans ou de ses décisions lui sont exposés.

Possessivité : plutôt jaloux, il se montre très possessif envers celleux qu'il aime.

Créativité : très créatif, il déborde toujours d'idées artistiques ou originales pour trouver une solution à certaines embûches.

Leadership : vrai fédérateur, il sait comment diriger un groupe et le faire parvenir à destination.

Superficialité : souvent fan de luxe, de mode, et très soigneux de son physique, il peut souvent basculer du côté narcissique de la superficialité.

Les peurs du Lion

La plus grande peur du Lion est directement visible à travers ses gestes du quotidien… En effet, il a peur de ne pas être aimé pour qui il est et d'être délaissé, voire oublié, par celleux qu'il aime. Très clairement liée à une blessure de l'abandon, cette peur n'est pas la plus « fun » ni la plus risible du zodiaque.

Sur une note plus légère, en revanche, il a peur de perdre ses objets ou encore d'être habillé exactement de la même manière qu'un·e autre convive lors d'une soirée huppée. Ou tout simplement d'arriver décoiffé et non apprêté à un rendez-vous.

Comment travailler sur tes peurs ?

En comprenant que, même si tu donnes le meilleur de ta personne et que tu es sans cesse là pour les autres, tu ne peux pas toujours avoir le contrôle sur la relation et qu'elle peut s'effriter… malgré toi. Si certaines personnes t'abandonnent et te délaissent, demande-toi si elles sont encore en phase avec toi et tes énergies du moment. Car bien souvent, on perd des personnes pour en trouver de nouvelles (plus accordées à tes besoins du moment) ! Quant à ton côté « tête en l'air », apprends juste à l'accepter et à faire preuve d'autodérision.

Les forces du Lion

La force, l'endurance et la persévérance du Lion sont sûrement les forces numéro un dont tu as pu hériter. Entre la patience du Taureau et l'ambition du Capricorne, il y a toi : prêt·e à soulever des montagnes, à te reposer et à attendre que les événements se goupillent bien (et dans ton sens) pour créer des miracles. Tu es né·e pour briller et tu le sais, au plus profond de toi, alors embrasse cela et sois en paix avec tes succès !

Ton charisme, associé de près ou de loin à ton physique, car il est bien plus lié à ton aura et à ce que tu dégages qu'à ton visage, est une autre de tes forces. Quand tu débarques, les regards se tournent vers toi ! On veut t'entendre parler et écouter tes histoires.

Comment développer tes forces ?

Pour faire briller ton charisme, il n'y a pas d'autre secret que celui d'apprendre à te connaître en profondeur, pour révéler tes forces et te focaliser sur elles. Tu peux observer autour de toi : pourquoi les gens viennent-ils vers toi ? Quels types de conseils demandent-ils ? Que souhaitent-ils que tu leur apportes dans la vie ? Dès que tu as relevé deux ou trois forces, mets en place une discipline, une routine quotidienne, pour te permettre de les travailler davantage !

Les porte-bonheurs du Lion

- **Jour porte-bonheur :** le dimanche, qui fait référence au Soleil. Les jours où la Lune est en signe de feu lui sont également très bénéfiques.
- **Objet porte-bonheur :** un bijou de famille ou de grandes valeurs, comme un collier ou un bracelet de luxe… ou tout simplement un cristal de roche, un zircon ou un diamant selon tes moyens ! Ces pierres représentent l'esprit du Lion.
- **Les lieux :** les magasins, les podiums, la scène ou encore les lieux de prestige (réception de mariage, château, etc.) sont les lieux de prédilection où le Lion brille encore plus.
- **La destination du Lion :** il veut du soleil, de l'ambiance et de la bonne nourriture, donc Mexique, Italie, Jamaïque… ou encore Dubaï !
- **La fleur du Lion :** le tournesol ; fleur estivale par excellence, jaune et lumineuse comme le soleil, elle est liée à l'amour.
- **L'animal porte-bonheur :** le lion, tout simplement ; mais également les félins en tout genre : lynx, tigre… ou le chat domestique !
- **La couleur du Lion :** le doré, qui représente son côté luxueux et majestueux ; les couleurs chaudes, comme l'orange et le jaune, lui vont à merveille aussi !

- **Le chiffre :** 5, chiffre qui représente l'épanouissement, la mobilité, les plaisirs et le dynamisme.

As-tu déjà remarqué qu'un de ces symboles revient souvent dans ta vie ?

....

....

....

....

As-tu des anecdotes à raconter par rapport à ces petits porte-bonheurs ?

....

....

....

....

Les cristaux du Lion

Chaque cristal diffuse une énergie particulière et possède ses vertus propres. Certaines de ces pierres semi-précieuses peuvent s'allier parfaitement à l'énergie de ton signe.

Pierre de soleil

Cette pierre apporte la joie, la gaieté. Elle est réputée pour favoriser l'amitié et les rencontres. Elle est désinhibante, chasse les complexes et la timidité. Elle te permet aussi de gagner en confiance en toi. Elle stimule l'action plutôt que la réflexion en réduisant la flemmardise. Elle est utile pour combattre le stress et les déceptions.

Mots-clés : joie, vitalité, action.

Citrine

Cette pierre favorise la générosité tout en boostant l'estime de soi. Elle donne du courage et favorise les prises de décision. Elle développe la joie de vivre et apporte de l'optimisme. Elle peut t'aider à matérialiser tes objectifs. Pour cela, il faut programmer la pierre (poser une intention) afin qu'elle stimule tes émotions et tes actions quotidiennes de manière positive.

Mots-clés : confiance, générosité, communication.

Pyrite

C'est un cristal qui favorise le sens de l'organisation et la productivité. C'est la pierre anti-procrastination par excellence. Elle favorise la recherche de solutions et t'aide à dépasser tes peurs mentales. Elle te permet également de t'affirmer et de prendre ta place comme il se doit.

Mots-clés: organisation, productivité, affirmation.

Œil-de-tigre

C'est une pierre de protection contre les mauvaises ondes et la négativité. Elle est parfaite pour t'aider à te recentrer sur toi-même et tes ressentis. Elle stimule ta volonté et t'aide à surpasser tes propres limites. Elle combat la dépression et rend plus optimiste quand il le faut. Enfin, elle te permet de te lancer dans un projet sans crainte.

Mots-clés: protection, optimisme, ambition.

Opale de feu

C'est une pierre qui développe ta créativité et augmente ta confiance en toi. Cristal d'optimisme qui permet de garder la forme en toutes circonstances, elle peut aussi t'aider à te libérer de ton passé et de tes blessures. Elle t'encourage aussi à aller vers les autres et à profiter de l'instant présent.

Mots-clés : créativité, optimisme, désir.

Cristal de roche

Réputée pour être une pierre apportant une grande énergie, elle permet une ouverture d'esprit et est parfaite pour développer l'écoute de l'autre. Elle rend dynamique et apaise les peurs. Il est préférable de la programmer (ou de la porter) avec une autre pierre pour accroître ses vertus.

Mots-clés : énergie, force, courage.

ENTRETIEN DES PIERRES

Les pierres semi-précieuses ont besoin d'un entretien particulier pour t'accompagner au mieux dans ton quotidien. Au moins une fois par mois ou lorsque la pierre perd de son éclat, il est bon de purifier puis de recharger tes cristaux.

Décharger les pierres :

- en les laissant reposer dans de l'eau légèrement salée ;
- en les passant dans de la fumée d'encens (fumigation) ;
- en les mettant dans un bol tibétain avant de le faire retentir ;

- en les déposant sur un gros lit de sel pendant plusieurs heures.

Recharger les pierres :

- en les posant dans un endroit éclairé par la lumière de la lune (nuit de pleine lune de préférence) ;
- en journée, en les laissant à la lumière naturelle (uniquement pour les pierres qui tolèrent les UV) ;
- en les posant sur une fleur de vie ou un coquillage ;
- en les posant sur un amas d'améthyste ou de quartz ou dans une géode.

Les différentes phases de la Lune

Depuis des millénaires, ce satellite naturel influence le quotidien des êtres vivants. Notamment par sa force gravitationnelle : la Lune aimante l'eau présente sur Terre et permet un plus grand soulèvement des marées ; mais aussi par sa lumière lorsque le Soleil se reflète dedans : elle éclaire nos nuits et nous permet de ritualiser la pénombre pour profiter davantage de la nature. D'ailleurs, nos ancêtres avaient pour coutume de planter les graines des légumes lors de la lune croissante, tandis que les grandes cérémonies avaient lieu lors de la pleine lune.

La Lune te guide et t'inspire quotidiennement en fonction de son mouvement, qui est cyclique. Un cycle de la Lune dure environ 29,5 jours. Soit un mois complet qui te permet de lancer de nouveaux projets ou de clôturer des activités qui ont été dûment menées au cours des derniers mois. En fonction de la phase lunaire en cours et du signe dans lequel se positionne la Lune, son énergie aura un impact différent et une signification particulière. Utilisée de manière judicieuse et consciente, l'énergie de la Lune peut t'aider à concrétiser tes objectifs du moment.

Les femmes sont particulièrement connectées au cycle de la Lune, notamment parce que le cycle féminin (qui dure en moyenne 28 jours) a tendance à se calquer sur celui de l'astre lunaire.

En astrologie, la Lune est considérée comme étant un luminaire, c'est-à-dire un point « lumineux » et « rayonnant » du thème astral qui donne énormément d'informations sur la construction de ton inconscient, ton âme et ton intimité. Le signe qui est traversé par la Lune sur ton thème natal est appelé le « signe lunaire » ; il dévoile ta sensibilité, tes émotions et tes besoins quotidiens.

Pour connaître les dates précises des phases de nouvelle lune (nouveau cycle) et de pleine lune (climax du cycle en cours), tu peux te rendre sur la page d'accueil de mon site astrolya.be sur lequel les dates des lunaisons et des transits de planètes sont régulièrement mises à jour.

Le cycle de la Lune

La nouvelle lune

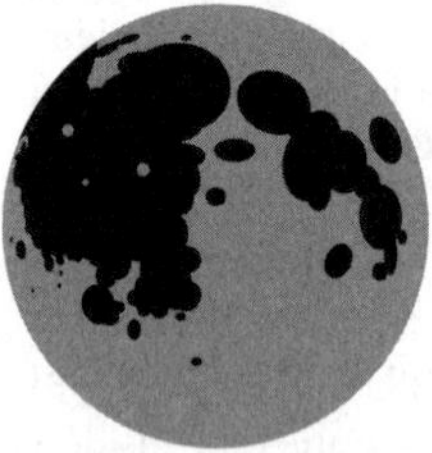

Lorsque la Lune est « noire », invisible dans le ciel car cachée par le Soleil, on dit que c'est la phase de « nouvelle lune ». Cette phase est la première du cycle lunaire, pour ne pas dire la plus importante, c'est le signal qu'une page blanche s'offre à toi ! C'est le moment de démarrer quelque chose de nouveau et de planter des graines de projets pour le nouveau cycle qui démarre. Pose tes intentions et n'aie pas peur de viser haut !

À faire durant cette phase de lune : rédiger tes intentions, démarrer un nouveau projet, imaginer des plans pour le futur.

Lune croissante

L'énergie monte doucement, mais sûrement. Tu peux trouver l'inspiration, conceptualiser, faire des déclarations… C'est la dernière réflexion à avoir avant de passer à l'action, c'est le moment parfait pour commencer à te focaliser sur les détails de ton plan établi lors de la nouvelle lune. Visualise précisément tes désirs et tes espoirs sur le monde qui t'entoure.

À faire durant cette phase de lune : conceptualiser, vérifier, évaluer la situation, établir des plans d'action.

Premier quartier

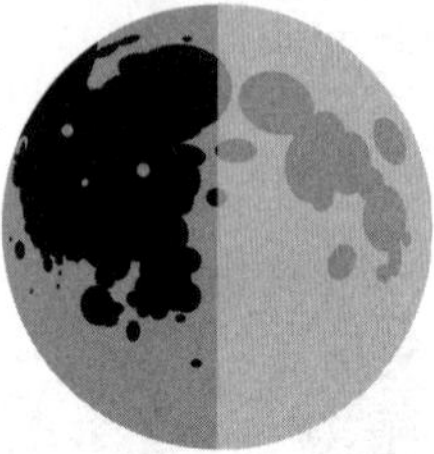

L'action est de mise ! C'est le moment ou jamais de te challenger car l'énergie de cette lunaison t'aide à concrétiser tes objectifs en t'ouvrant la voie vers de nouveaux chemins. Quelques obstacles peuvent se dresser devant toi, alors reste fort·e et lance-toi !

À faire durant cette phase de lune : agir, créer, bouger, se challenger, atteindre ses objectifs.

Gibbeuse montante

C'est la phase des ajustements. Elle représente le moment où tu rassembles tes forces avant de sprinter jusqu'à la ligne d'arrivée. Tu nourris ta vie d'énergies nouvelles, tu fais des corrections, tu ajustes tes plans, tu les redéfinis… Bref, tu alignes tes demandes avec tes actions.

À faire durant cette phase de lune: adapter, corriger, modifier, respirer, faire preuve de patience.

Pleine lune

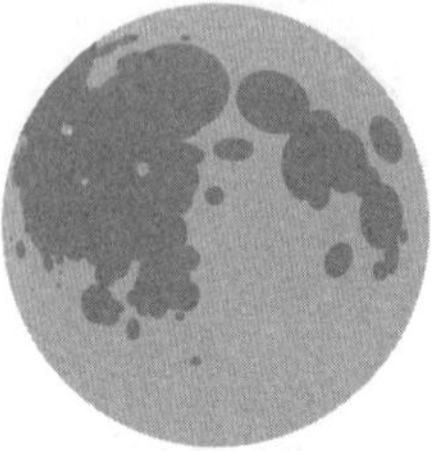

Les émotions se relâchent, tout ce qui ne te sert plus se clôture avec un chapitre de ton passé. C'est un moment de célébration, de victoire, de gratitude et d'épanouissement. Les pages de ce cycle se tournent, de l'espace se libère, en toi et autour de toi, pour laisser place à des nouveautés qui te correspondent davantage.

À faire durant cette phase de lune : relâcher la pression, célébrer, remercier, clôturer, prier.

Lune disséminante

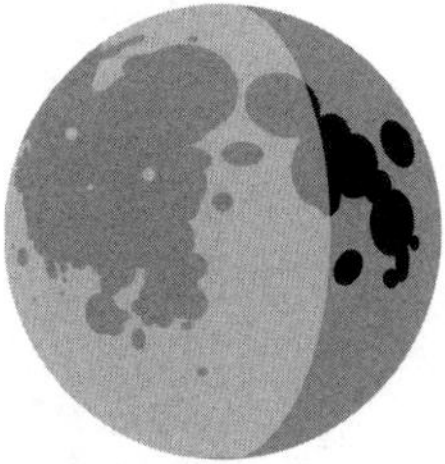

C'est une phase de récolte et de repos, durant laquelle tu accueilles les derniers bénéfices de ce cycle lunaire. Tu reçois, et il ne tient qu'à toi de donner également aux autres et de partager avec tous·tes celleux qui se trouvent autour de toi.

À faire durant cette phase de lune : récolter, partager, relâcher les dernières tensions, clôturer définitivement.

Dernier quartier de lune

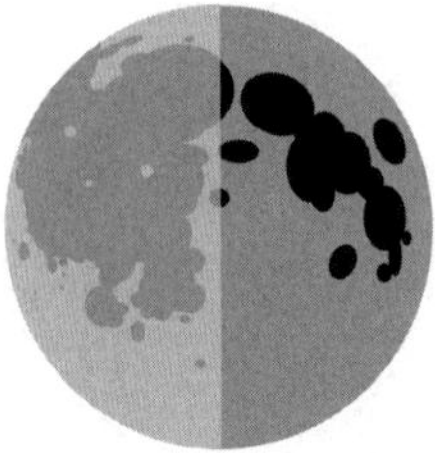

C'est une phase de transition, d'intégration et de pardon. Toutes les énergies négatives ont été évacuées, tu as laissé tes mauvaises habitudes derrière toi et tu t'ouvres désormais à de nouvelles perspectives. C'est une période généralement très calme, pour ne pas dire « creuse », au cours de laquelle il ne se déroule pas grand-chose. Car tout est parfait ainsi, que la situation soit confortable ou inconfortable : tu acceptes le changement.

À faire durant cette phase de lune : se transformer, modifier ses habitudes, accepter ce qui est, s'ouvrir à la nouveauté.

Lune balsamique

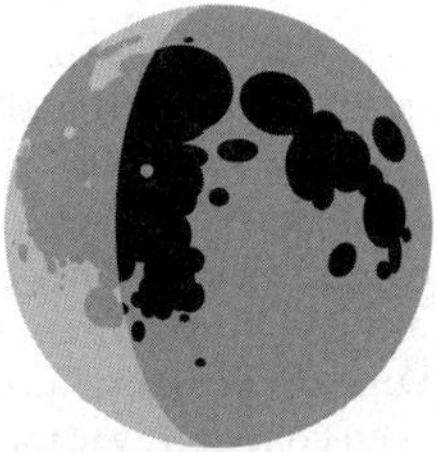

Cette dernière phase de lune avant le retour à la case départ t'intime de te reposer, de rester au calme et de te laisser guider par ton intuition. Prends le recul nécessaire pour observer les quatre dernières semaines qui se sont écoulées, remercie-toi, dresse la liste de tes gratitudes et prépare-toi à entrer dans un nouveau cycle.

À faire durant cette phase de lune : se reposer, prendre du recul, s'écouter, être doux·ce envers soi-même, guérir.

Les lunaisons en Lion

Environ une fois par an, la Lune passe à travers ton signe astrologique : une fois lorsqu'elle est en phase de nouvelle lune (non visible depuis la Terre) et, une seconde fois, lorsqu'elle est en phase de pleine lune. Cela n'arrive pas chaque année, tout dépend du calendrier astral et lunaire, ainsi que du déplacement de la Lune. Cependant, lorsque les cycles lunaires entrent en cohésion avec ton signe astrologique, c'est le moment de faire le plein de bonnes énergies et de t'aligner avec ton moi profond.

Bien vivre une nouvelle lune en Lion (milieu de l'été)

C'est une nouvelle lune placée sous le signe du plaisir et de la créativité. Rayonnante, elle t'entraîne vers la lumière. C'est le moment idéal pour lâcher prise du quotidien. Alors, sors et fais la fête ! Mets-toi en avant, toi et tes qualités, tes compétences, et montre quelle belle personne tu es. L'œil-de-tigre t'aidera en renvoyant les énergies négatives vers son émetteur. Il renforce aussi la confiance en soi et la volonté personnelle, ce qui est idéal pour cette lune. C'est aussi une pierre équilibrante qui t'aidera à harmoniser ton cœur et tes émotions.

Bien vivre une pleine lune en Lion (milieu de l'hiver)

Le mot d'ordre est : humilité. Tout comme le Lion, cette lune est rayonnante et fière. C'est une bonne période pour faire la fête, profiter de la vie en bonne compagnie. Le feu de la lune en Lion t'apportera de la fierté, de l'envie, de la joie… mais aussi de l'orgueil et de la jalousie si tu te laisses porter par les tensions. Trouve ton équilibre entre les besoins des autres et les tiens. Ne dépense pas toute ton énergie en voulant satisfaire tout le monde. Motive tes actions avec ton cœur et ta joie, pas avec ton ambition et ton besoin de reconnaissance. Sois bienveillant·e envers toi-même et exprime ta joie de manière créative.

Rituel du Lion

Voici un rituel pensé sur mesure pour une lunaison en Lion, ou idéal à réaliser lors d'une nouvelle lune. Pour ce rituel, tu as besoin de :

- prendre de quoi écrire et une feuille ;
- t'installer confortablement dans une pièce calme ;
- te munir d'une bougie ou d'encens que tu apprécies particulièrement.

1. Allume la bougie et laisse-la t'envelopper de cette senteur particulière qui te rappelle des choses que tu aimes et les petits plaisirs de la vie.
2. Ensuite, médite un peu, avec l'intention de laisser venir à toi des images joyeuses et des moments de ta vie durant lesquels tu te sentais heureux·se. N'hésite pas à sourire ou même à rire, laisse-toi bercer par ces émotions enivrantes.
3. Puis, dès que tu te sens prêt·e, ouvre les yeux et écris sur la feuille : « Quels sont les rôles qui me correspondent le mieux ? » Réponds à cette question en passant en revue ton boulot, tes études, tes loisirs, activités sportives ou autres. Demande-toi quels sont les domaines dans lesquels tu t'épanouis au mieux, surligne ou souligne-les.
4. Et inscris les nouveaux (ou anciens) rôles que tu aimerais avoir au quotidien. Si tu estimes que tu n'as pas le temps de te lancer dans telle ou telle activité, alors raye celles dans lesquelles tu t'épanouis le moins aujourd'hui, et dont l'arrêt te permettrait de libérer du temps pour toi.

D'autres astuces pour brûler de confiance en toi :

- Prends contact avec des personnes qui exercent l'une ou l'autre des activités (hobbie, sport, travail, etc.) qui t'intéressent. Demande-leur conseil et fais une période d'essai pour voir si cela te correspond.

- Fais savoir à ton entourage les choses que tu aimes et celles que tu aimerais entreprendre prochainement. S'ils sont attentifs, ils te demanderont où tu en es quand tu les reverras et cela te poussera à commencer ces projets/activités.
- Crée-toi ton propre *time tracking* au sein de ton *bullet journal*, ou imprimes-en un et inscris une croix dès que tu prends le temps d'instaurer une nouvelle habitude dans ta routine quotidienne. Offre-toi un (petit) cadeau dès que tu vois que tu progresses et que tes habitudes changent positivement.

Ce sont autant d'exemples pour apprendre à te (re) connecter à l'énergie dynamique du Lion.

Ton climat intérieur : feu ou glace ?

Même si tu es né·e sous le signe du Lion, sache que ton élément dominant n'est pas forcément le feu ! Tu peux très bien être un Lion de terre, d'air ou d'eau. Cela dépend du nombre de planètes de ton thème astral qui se trouvent dans tel ou tel élément.

Par exemple, une personne qui est Lion, mais avec six planètes en élément terre risque fortement d'avoir une dominante dans cet élément. Bien évidemment, cela va influencer sa personnalité et sa manière d'être. Dans cet exemple, un Lion de terre sera beaucoup moins extraverti et fanfaron qu'un Lion pur feu !

Pour connaître ton élément dominant, rends-toi sur astrotheme.fr dans l'onglet « Calcul de l'élément dominant », pour en savoir davantage sur ta personnalité et ton thème natal.

Quel est ton élément dominant ? Sur quel(s) point(s) t'y retrouves-tu ?

....

....

....

....

Périodes critiques et périodes aisées

As-tu déjà remarqué que tu te sens bien à certaines périodes de l'année et beaucoup moins lors d'autres périodes ?

....

....

Quelles sont les périodes durant lesquelles tu te sens le mieux ? (Mois en particulier, saison, etc.)

....

....

Quelles sont les périodes durant lesquelles tu te sens le moins bien dans ta peau ? (Mois en particulier, saison, etc.)

....

....

Généralement, les personnes nées sous le signe du Lion peuvent se sentir particulièrement bien lors des périodes où le Soleil transite dans les signes de feu : Bélier (avril), Lion (août) et Sagittaire (décembre). On dira que le ciel leur est favorable. Tandis que les saisons du Taureau (mai) et du Scorpion (novembre) peuvent être plus difficiles à vivre car le Soleil est en carré (aspect négatif) avec tes énergies. Enfin, la saison du Verseau (février) est un parfait moment pour poser un premier bilan sur ton année en cours. C'est la période où le Soleil est dans ton signe complémentaire, ce qui veut dire que tu es à mi-parcours. Car, en astrologie, on part du principe que ton année personnelle débute à la date de ton anniversaire. Une carte spéciale, appelée « révolution solaire », peut être dressée chaque année à la date de ton anniversaire pour voir les événements marquants et importants de ton année en cours.

Les dernières périodes qui peuvent t'être particulièrement favorables sont celles des Gémeaux (juin) et de la Balance (octobre).

Avais-tu déjà observé ces fluctuations dans ton énergie ? En as-tu déjà observé d'autres ? Si oui, quelles sont ces périodes et à quoi peux-tu les rattacher ?

....

....

Le chemin de vie du Lion

Pour mieux comprendre le chemin de vie d'une âme, l'astrologie propose de s'attarder sur les nœuds lunaires. Ce sont deux points mathématiques qu'on calcule dans le ciel sur base de la position de la Lune au jour et à l'heure de la naissance.

Le **nœud Sud** représenterait « l'acquis » d'une personne. Ses capacités innées, ses habitudes, sa manière d'agir dans son passé (voire dans une potentielle vie antérieure selon l'astrologie karmique) et certains astrologues partent même du principe que c'est le signe astrologique qu'on avait dans son ancienne vie.

Le **nœud Nord** représenterait « l'évolution », pour ne pas dire l'accomplissement, ce vers quoi on doit aller pour s'épanouir et trouver la parfaite harmonie, la paix intérieure. Ce sont les compétences qu'il conviendrait d'acquérir et d'apprendre pour cheminer vers son projet d'âme.

Ces nœuds lunaires se trouvent toujours dans les signes complémentaires car ils s'opposent exactement à 180° l'un de l'autre. Ainsi, si tu as, par exemple, ton nœud Sud en Verseau, ton nœud Nord sera en Lion. Pour calculer leur emplacement, c'est toujours la même formule : rends-toi sur astrotheme.fr, dans l'onglet « Ascendant et thème astral ».

Exemple d'interprétation :
Un nœud Sud en Cancer indique qu'une personne a pu passer sa vie prendre soin des autres et tout particulièrement de sa famille, de ses enfants et de ses proches. Dans ses habitudes, cette personne est très émotive, douce et sincère, mais elle doute souvent de ses capacités au travail. Elle peut facilement se détourner de la carrière de ses rêves. Le nœud Nord en Capricorne lui demande donc d'accepter ses désirs professionnels, de se battre pour ses convictions et de devenir sa propre autorité. On lui demande de s'affranchir de ses pensées limitantes et d'accepter d'embrasser ses compétences. L'équilibre entre travail et vie de famille sera primordial.

Évolution et expansion du Capricorne : énergie non évoluée *vs* énergie évoluée

Évolution et expansion du Lion

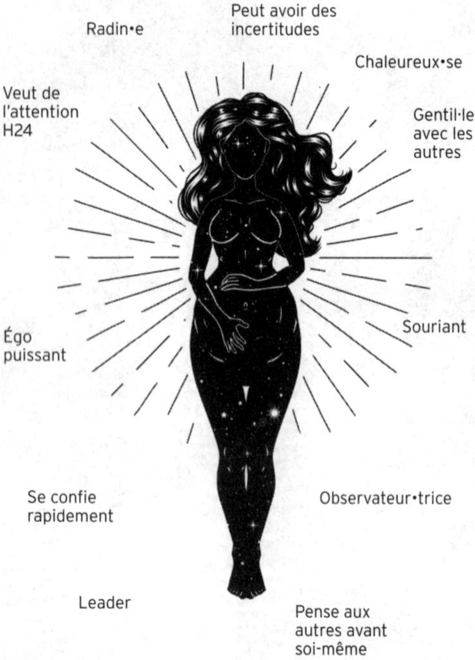

Sur son chemin de vie, le Lion apprendra à œuvrer pour son bien-être et celui des personnes qui l'entourent.

Dans ses énergies dites de « basse fréquence », le Lion remplit correctement les stéréotypes et les clichés qui lui sont accolés : c'est un être narcissique, qui peut avoir un ego démesuré et qui réclame énormément d'attention, sinon il se fâche tout rouge !

En revanche, dans ses énergies dites de « haute fréquence », le Lion transformera son égocentrisme en individualisme pour apprendre à se connaître et atteindre ses objectifs, il fera de son extraversion un charisme rayonnant et il fera de son leadership, ainsi que de sa gestion financière, de solides bases pour créer des projets immenses et en phase avec ses aspirations – et celle des autres.

Passer de l'énergie non évoluée à l'énergie évoluée est un travail de longue haleine qui nécessite du temps et de la compréhension de soi… Le secret est d'abord d'accepter tes faiblesses pour, ensuite, sublimer tes points forts.

« REGARDE VERS LE SOLEIL,
LAISSE LE PASSÉ DANS L'OMBRE,
TA LUMIÈRE SERA SUBLIMÉE. »

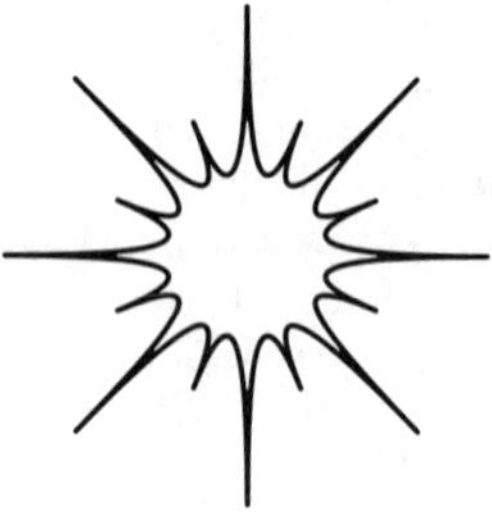

Les blessures du Lion

Un sujet moins agréable et moins *fun*, mais qui a également tout son sens. Si une blessure peut souvent se caractériser *via* une peur, elle peut également entraver ton chemin de vie et t'empêcher de briller pour qui tu es réellement

Ta première blessure : ton individualisme, la peur de ne pas exister pour toi-même

Très similaire à ton cousin de feu le Bélier, tu recherches une preuve de ton existence chez les autres et tu en souffres si tu ne la trouves pas. Tu as besoin qu'on te dise des « je t'aime » à foison pour te rassurer sur le fait que tu es bien à ta place et que tu réussis ce que tu entreprends. En fait, tu as besoin que l'on te rassure parce que tu n'as pas confiance en toi. Le respect et la fierté sont des valeurs essentielles pour toi, gare à celleux qui iront à leur encontre. Il est possible aussi que tu sois un·e artiste qui n'est jamais satisfait·e de ce qu'il·elle crée. Tu as peur de ne pas être reconnu·e pour qui tu es, ni pour tes talents.

Ta seconde blessure : la peur de l'échec, le fait de ne jamais atteindre tes hauts standards

C'est une blessure qui découle de la première. Tu es attiré·e par la gloire, tu as envie d'être admiré·e et que le monde tourne autour de toi. Tu peux vouer une admiration à l'une de tes figures parentales (père, mère ou tuteur) en espérant être meilleur·e qu'elle ou lui un jour. Tu as besoin de te prouver que tu peux réussir, au point que tu peux faire une fixette là-dessus et que cela devienne un sujet d'angoisses.

Ces blessures sont amplifiées si tu as Chiron ou Lilith (Lune Noire vraie) en Lion et/ou en maison V sur ton thème.

Comment soigner ces blessures ?

Tu dois apprendre à cultiver l'amour autour de toi, renoncer à l'obsession de la gloire ou d'être admiré·e à tout prix. Le Lion est capable de générosité alors donnes-en un maximum et tu te sentiras en paix avec toi-même. Tu es capable de renforcer celle des autres. Tu sais t'y prendre avec les enfants et cela peut faire de toi un·e bon·ne professeur·e ou éducateur·rice. Tu sais comment encourager une équipe et transmettre ton savoir (vivre) de manière ludique et joyeuse.

Points d'amélioration du tempérament Lion

Susceptibilité : il n'y a pas de recette miracle à part l'autodérision ! Apprends à rire de toi dès que tu le peux et à moins te prendre au sérieux. Cela t'allégera la vie.

Entêtement : note les raisons qui font que tu campes sur tes positions. Ensuite, confronte ton avis avec celleux que tu aimes, sans les interrompre et en les laissant t'adresser leurs pensées les plus sincères. C'est sûr qu'une ou deux de leurs idées te feront réfléchir !

Manque de motivation : bouge-toi les fesses ! Au sens littéral, marcher, courir ou même une douce séance de yoga vinyasa peut t'aider à (re)créer de l'énergie et à la faire circuler pour te donner le coup de boost nécessaire.

Arrogance : avant de dire à l'autre quelque chose que tu regretterais, demande-toi comment tu réagirais si on te parlait sur le même ton et si on te disait tel ou tel mot blessant. C'est bon, tu as compris qu'il fallait communiquer ton ressenti différemment ? Alors là, tu peux discuter posément.

Possessivité : tu dois simplement avoir moins peur du changement et de la potentielle « perte » d'une relation, d'un objet ou autre… Tu dois apprendre à vivre davantage de manière minimaliste et à plus accepter que certaines choses soient temporaires. Vis dans l'instant présent et anticipe moins !

Dans quelles proportions es-tu Lion ?

Leader né·e, tu sais comment diriger un projet :

OUI ☒ NON ❑

Tu es chaleureux·se et généreux·se :

OUI ☒ NON ❑

Tu adores inviter des gens chez toi :

OUI ☒ NON ❑

Tu as un don pour te faire apprécier des autres :

OUI ❑ NON ❑ Je ne sais pas ☒

Oui, tu es fidèle, mais aussi très possessif·ve :

OUI ❑ NON ☒

Tu peux te montrer jaloux·se, même en amitié :

OUI ☒ NON ❑

Tu adores le luxe et les belles choses :

OUI ❑ NON ☒

Plutôt rationnel·le, tu peux facilement te braquer sur certaines de tes idées :

OUI ❑ NON ❑ Je sais pas ☒

Tu rêves d'être ton propre boss :

OUI ❑ NON ☒

Tu aimes aider les autres à évoluer et à grandir sur leur chemin de vie :

OUI ☒ NON ☐

VERDICT ! À quel pourcentage es-tu réellement Lion ? (1 OUI = 10 %)

50%...

....

As-tu déjà observé qu'un autre signe prenait beaucoup de place au sein de ta personnalité ? Si oui, lequel ? Pourquoi ?

....

....

....

Le Lion au travail

Le Lion est très énergique et ambitieux. Il a tendance à être toujours occupé, quels que soient son emploi du temps ou les besoins à son travail. Il est créatif et optimiste. Une fois qu'il se consacre à son boulot, il fera tout ce qu'il faut pour que les choses soient bien faites et rendues en temps et en heure. Son désir (pas si) secret est de devenir son propre patron ou de gérer une équipe avec le moins de contrôle possible de la part de ses supérieurs. Un métier qui permet la libre expression de son talent artistique, comme le théâtre, la communication et le divertissement, est idéal pour ce signe. La gestion marketing et/ou financière, l'éducation et la politique sont également des secteurs dans lesquels il pourrait bien s'épanouir, ainsi que tout ce qui le place dans une position de leadership – qui lui convient tout naturellement.

Le Lion aime être entouré d'objets et de bibelots modernes et à la mode. Et bien qu'il lui soit facile de faire de l'argent, il le dépense de manière moins responsable que les autres signes du zodiaque. Extrêmement généreux, il aime faire de beaux cadeaux et apporter son soutien financier à celleux qu'il aime dès qu'il le peut. Notamment pour les soutenir dans les moments plus difficiles.

Sa carrière idéale : communicant·e, politicien·ne, manager, gestionnaire, chef·fe de direction, artiste, coach de sport ou de vie, sophrologue, kinésithérapeute, professeur·e, responsable marketing, chef·fe d'entreprise, etc.

Le Lion en famille

Même si la famille compte beaucoup à ses yeux, les questions familiales ne seront pas la priorité du Lion lors de sa jeunesse. Tourné sur lui-même au cours de cette période de sa vielors de sa jeunesse, il devient indépendant dès que possible. En revanche, il fera tout pour protéger ses proches et celleux qu'il aime du plus profond de son cœur, car il est extrêmement fier de ses racines dans les bons et les mauvais moments. Ce n'est que vers l'âge adulte que la famille prendra une place immense dans son quotidien, encore plus s'il devient parent. Comme ce signe représente la maison zodiacale des enfants, il peut développer un lien très privilégié avec sa descendance et chaque membre qui constitue son foyer.

Né avec le besoin d'aider les autres, il fera toujours ce qui est en son pouvoir pour aider autrui, même si cela demande beaucoup de temps et d'énergie. Fort et fiable, il plaît à presque tout le monde dans la famille et il a toujours l'envie d'organiser de grandes célébrations dès qu'un événement s'y prête.

Les compatibilités amicales du Lion

Le Lion est un vrai ami, fidèle et loyal jusqu'au bout. Quand il s'engage envers ses proches, il ne revient pas sur sa parole. C'est un être qui apprécie énormément le contact humain et apporter son aide quand il le peut. Généreux et fiable, c'est l'ami qu'on peut appeler aux petites heures du matin pour venir nous dépanner ou nous (re)donner un coup de boost quand on a un coup de mou. Le Lion a la capacité de plaire presque à tout le monde, ses interactions avec les autres lui permettent de faire gonfler sa confiance en soi et de se sentir à sa juste place. C'est souvent le chef de la bande qui entraîne tout le monde avec sa grande énergie.

Il recherche des amitiés à long terme avec des personnes loyales, fidèles et joyeuses.

L'amitié du Lion : signe par signe

Lion – Bélier : ils s'adorent ! C'est compliqué de trouver une paire qui rivalise avec celle-ci tant ils passent du bon temps ensemble.

Lion – Taureau : ensemble, ce sont de vraies pipelettes qui n'en finissent jamais de parler des dramas et des ragots. Dans le meilleur des cas, ils vont faire du shopping ensemble !

Lion – Gémeaux : une vraie paire de meilleurs amis qui font la fête jusqu'au bout de la nuit et se partagent le meilleur du pire comme anecdotes !

Lion – Cancer : bien souvent, ils s'adorent ! Malgré les apparences, ces deux-là ont beaucoup de choses à partager sur le plan amical. À commencer par le *farniente*.

Lion – Lion : ils peuvent s'adorer car ils brillent ensemble… mais aussi se faire la guerre par peur que l'un ne vienne cacher la lumière de l'autre.

Lion – Vierge : des amis qui s'entraident à devenir la meilleure version de soi. Ils se coachent l'un l'autre jusqu'à atteindre chacun son objectif.

Lion – Balance : ces deux-là ont quasi le même mode de fonctionnement en amour et ils cherchent tous les deux à tisser du lien ; cela ne peut que fonctionner entre eux !

Lion – Scorpion : parfois, ils s'adorent ; d'autres fois, ils se détestent ! Cela dépend de la capacité de remise en question du Lion et de l'humeur du Scorpion.

Lion – Sagittaire : deux signes de feu ensemble, ça matche ! Leur ambition et leur brin de folie les mèneront loin ensemble.

Lion – Capricorne : malgré leurs grandes différences, ils s'apprécient tout particulièrement car ils partagent les mêmes valeurs de fidélité et de loyauté.

Lion – Verseau : les signes complémentaires qui viennent combler les besoins l'un de l'autre et grandir main dans la main, s'ils acceptent de sortir de leur zone de confort.

Lion – Poissons : une amitié surprenante où énormément d'affection et de confessions sont échangées. Cela leur permet de tisser des liens profonds.

Thermomètre amical

Balance

Sagittaire

Bélier

Gémeaux

Vierge

Taureau

Verseau

Lion

Capricorne

Cancer

Poissons

Scorpion

Tes amitiés astrales

Prends le temps d'écrire ici le nom des personnes qui font partie de ton entourage, leurs signes astrologiques et les choses que tu apprécies et/ou que tu admires le plus chez celleux qui constituent ton univers. Car, bien souvent, les personnes qui nous inspirent le plus font partie de notre cercle proche.

Et tu sais ce qu'on dit en astrologie : « Il n'y a pas de hasard, que des rencontres… avec des âmes sœurs ! »

Prénom et nom de cette Âme Sœur :

....

Son signe astrologique (et ascendant, si tu le connais) :

....

Jour de notre rencontre (et/ou lieu) :

....

Ce que j'apprécie particulièrement chez elle ou lui :

....

Prénom et nom de cette Âme Sœur :

....

Son signe astrologique (et ascendant, si tu le connais) :

....

Jour de notre rencontre (et/ou lieu) :

....

Ce que j'apprécie particulièrement chez elle ou lui :

....

Prénom et nom de cette Âme Sœur :

....

Son signe astrologique (et ascendant, si tu le connais) :

....

Jour de notre rencontre (et/ou lieu) :

....

Ce que j'apprécie particulièrement chez elle ou lui :

....

Prénom et nom de cette Âme Sœur :

....

Son signe astrologique (et ascendant, si tu le connais) :

....

Jour de notre rencontre (et/ou lieu) :

....

Ce que j'apprécie particulièrement chez elle ou lui :

....

Prénom et nom de cette Âme Sœur :

....

Son signe astrologique (et ascendant, si tu le connais) :

....

Jour de notre rencontre (et/ou lieu) :

....

Ce que j'apprécie particulièrement chez elle ou lui :

....

Prénom et nom de cette Âme Sœur :

....

Son signe astrologique (et ascendant, si tu le connais) :

....

Jour de notre rencontre (et/ou lieu) :

....

Ce que j'apprécie particulièrement chez elle ou lui :

....

Les compatibilités amoureuses du Lion

En tant qu'âme passionnée et sincère, le Lion montre spontanément ses sentiments à son·sa partenaire. Il est très respectueux de son Autre et lui prouvera sa fidélité au fil du temps, *via* des petits gestes d'affection et des surprises… Il s'implique énormément dans son couple, ce n'est pas un signe d'amour pour rien.

Cependant, son côté dominant peut avoir tendance à ressortir dans son couple et cela peut fatiguer son binôme qui devra sans cesse suivre la cadence – et surtout lui tenir tête à de nombreuses reprises. Malgré tout, le Lion a besoin d'être souvent rassuré et de recevoir régulièrement les compliments de son·sa partenaire. Il adore élaborer des plans et des projets à deux pour visualiser sa relation sur le long terme.

Les meilleures compatibilités pour le Lion

Balance, Sagittaire, Lion, Gémeaux, Verseau, Bélier[1].

L'amour du Lion : signe par signe

Lion – Bélier : sûrement une des paires, pour ne pas dire *la* paire qui fonctionne le mieux en amour pour ces deux êtres de feu – et de passion.

Lion – Taureau : en amitié, ça passe… mais en amour, cela peut être très rock'n'roll ! Ce sont les montagnes russes assurées, avec leurs tempéraments. À voir si les partenaires recherchent ce type de relation ou pas.

1. Les compatibilités notées ici sont dites « générales », ce sont uniquement les compatibilités entre les différents signes solaires, le thème astral n'est pas pris en compte.

Lion – Gémeaux : une paire qui est capable de faire brûler la flamme de la passion pendant des années. Ils se soutiennent l'un l'autre et s'apportent énormément d'amour, de manière spontanée et toujours dans la joie.

Lion – Cancer : on dit souvent que l'eau éteint le feu, mais dans ce cas-ci, c'est plutôt le feu qui vient faire bouillir l'eau pour créer une vive passion. Ces deux-là peuvent bien fonctionner en amour s'ils le désirent.

Lion – Lion : c'est sûrement une des paires de même signe qui fonctionnent le mieux car deux Lions ensemble gouvernent et s'apportent tout ce dont ils ont besoin pour s'épanouir.

Lion – Vierge : un couple qui n'est pas rare car le feu du Lion (r)éveille les passions enfouies de la Vierge. Ensemble, ils sont capables de construire monts et merveilles.

Lion – Balance : les amoureux de l'amour ensemble qui cultivent une passion insoupçonnée lorsqu'ils se (re)trouvent. Ils créent leur propre idylle sous les feux des projecteurs.

Lion – Scorpion : au lit, ensemble, ce sera chaud. Mais dans la vie quotidienne, cela risque de créer de gros problèmes car leurs deux caractères ne vont pas ensemble !

Lion – Sagittaire : ils flottent sur un nuage de sensualité et de passion brûlante… La seule chose qui peut les séparer, c'est si le Sagittaire se montre quelque peu instable et que cela rend le Lion possessif.

Lion – Capricorne : s'ils trouvent leur équilibre en partageant plus d'un objectif en commun, ces deux signes sont capables d'aller très loin ensemble et de construire leur cocon.

Lion – Verseau : la paire complémentaire qui devra apprendre à s'aimer selon des codes originaux et très différents de leurs habitudes. C'est en soignant leurs blessures qu'ils s'aiment comme il faut.

Lion – Poissons : un couple romantique qui peut vite perdre pied et tomber dans des illusions… mais qui peut connaître une belle et surprenante évolution en binôme.

Thermomètre amoureux

Gémeaux

Lion

Balance

Bélier

Sagittaire

Verseau

Vierge

Poissons

Cancer

Capricorne

Taureau

Scorpion

L'amour sur ton thème astral

Pour mieux comprendre ta manière de fonctionner en amour, repère où se trouvent les éléments importants à observer sur ta carte du ciel. Réfère-toi au tableau en page suivante pour mieux comprendre tes planètes. Pour chacune d'entre elles, tu peux compléter les qualificatifs en te référant au signe dans lequel elle se trouve sur ta carte du ciel.

Pour rappel, rends-toi sur astrotheme.fr, dans l'onglet « Ascendant et thème astral », pour découvrir tes placements de planètes.

Vénus, planète de l'amour, des sentiments et des valeurs.

J'ai Vénus en

....

Ce qui veut dire que j'aime de manière

....

Mars, planète de l'action, des désirs et de la sexualité

J'ai Mars en

....

Ce qui veut dire que je désire de manière

....

Descendant et ascendant

Le signe descendant représente le type de personnes qui m'attirent et ce que je recherche dans mes relations avec les autres. Il montre aussi comment j'interagis avec ceux qui m'entourent et ce dont j'ai besoin sur le long terme. (Il est exactement à l'opposé de l'ascendant qui, lui, représente ma manière d'être en société et une grande part de ma personnalité.)

Mon signe descendant est le

....

Ce qui indique que j'adore les personnes

....

Enfin, le Soleil et la Lune sont également des éléments très importants à prendre en considération pour tes relations amoureuses. Je t'invite à relire les pages explicatives sur ces deux luminaires si ce n'est pas déjà fait.

	Vénus	Mars	Descendant
Bélier	Passionnée	Ardente	Entreprenante
Taureau	Romantique	Sensuelle	Stable
Gémeaux	Évasive	Lunatique	Sociable
Cancer	Maternante	Émotive	Sensible
Lion	Dominante	Puissante	Solaire
Vierge	Discrète	Intellectuelle	Responsable
Balance	Affectueuse	Équilibrée	Charmante
Scorpion	Intense	Passionnée	Charismatique
Sagittaire	Libre	Spontanée	Indépendante
Capricorne	Sérieuse	Durable	Ambitieuse
Verseau	Intellectuelle	Enjouée	Originale
Poissons	Douce	Mystérieuse	Rêveuse

Liste de gratitudes

À réaliser pour le plaisir, en début ou en fin de journée.

Notes-y toutes les choses pour lesquelles tu t'estimes chanceux·se et toutes ces choses qui font ton bonheur au quotidien. Le défi est de réaliser une liste de gratitudes lors des jours où tu n'es pas au top et que tu as un coup de mou !

....

....

....

....

....

....

....

....

....

Chèque d'abondance

Tu trouveras sur la page suivante un chèque d'abondance à remplir. Les chèques d'abondance se remplissent à la nouvelle lune (voir calendrier lunaire sur astrolya.be) et se brûlent ou se déchirent à la pleine lune. Tu peux y inscrire une somme d'argent que tu souhaites obtenir, un souhait, un vœu qui t'est cher ou toute chose que tu aimerais que l'Univers t'apporte pour le prochain cycle. Une fois que tu l'as complété, découpe-le et range-le dans un endroit sécurisé mais où tu pourras le voir chaque jour… Ou au contraire, range-le dans un placard pour ne plus le voir jusqu'à la prochaine lunaison ! Concentre-toi ensuite sur tes désirs sans penser à quand l'abondance arrivera. Lâche prise et ne contrôle rien… jusqu'au jour où ton dû te reviendra.

Exemple de chèque d'abondance :

Banque Universelle de l'Univers
1, Av. de la Gratitude
La Galaxie des Étoiles

Date : ....

Payé intégralement : ....

À l'ordre de : ....

Par la loi de l'abondance, gratitude de l'Univers

Signature :

Développement personnel, tes atouts

L'astrologie te murmure que tu as des super-pouvoirs !

Tu as des qualités uniques, héritées du placement des astres lors du jour de ta naissance. Ces atouts sont de réelles forces que tu dois apprendre à mettre en pratique régulièrement pour mieux t'épanouir au quotidien…

Entoure-les et/ou inscris-les sur cette page et mets-les en contexte. Les jours où ton moral se porte moins bien, relis ces pages pour te donner un coup de boost !

N'hésite pas à sonder les personnes de ton entourage pour avoir leur avis, celleux qui nous aiment ont toujours une vision de nous particulière et bienveillante.

Mon atout n° 1 :
Confiance – Volonté – Persévérance – Autre

....

Je donne un exemple concret pour illustrer ce point fort :

....

Mon atout n° 2 :
Spontanéité – Franchise – Courage – Autre

....

Je donne un exemple concret pour illustrer ce point fort :

....

Mon atout n° 3 :
Loyauté – Fidélité – Rationalité – Autre

....

Je donne un exemple concret pour illustrer ce point fort :

....

Mon atout n° 4:
Générosité – Amour – Sociabilité – Autre

....

Je donne un exemple concret pour illustrer ce point fort:

....

Mon atout n° 5:
Créativité – Passion – Leadership – Autre

....

Je donne un exemple concret pour illustrer ce point fort:

....

Cultive ton pouvoir d'étoile

Les étoiles sont là pour t'aider et te guider vers une meilleure compréhension de toi-même. Mais, au final, c'est toi, le roi ou la reine de ta vie, qui disposes des clés pour franchir les étapes, les unes après les autres, jusqu'à atteindre tes plus hauts objectifs.

Cet exercice est là pour que tu puisses faire le point sur ton passé, que tu te libères de tout sentiment négatif, de culpabilité ou de tristesse et que tu sois reconnaissant·e envers ton vécu qui t'a permis de te forger. C'est aussi le moment de faire le point sur tes souhaits… et sur toi-même, tout simplement.

Lettre à Petit·e Moi (à la rencontre de mon enfant intérieur)

....

....

....

....

....

....

....

....

....

....

....

....

....

....

....

....

....

....

Mes accomplissements sur les six derniers mois :

....

....

Comment me suis-je félicité·e pour cela ? ou que vais-je faire pour me féliciter ?

....

....

Quelle est la chose dont je suis le·la plus fier·ère dans ma vie ?

....

....

Quelles sont les activités qui me font du bien ? Comment est-ce que je les intègre dans mon quotidien ?

....

....

Comment et où est-ce que je me vois dans dix ans ?

....

....

Mes qualités d'étoile

Relève tes qualités et explique pourquoi tu t'attribues cette qualité. N'hésite pas à l'illustrer avec des dessins, des photos, des paroles de musique… ou toute autre chose créative !

Par exemple : Je suis généreux·se car j'ai fait un don à une association…